सुबह का कौव्वा

डा. जगदीश अग्रवाल

प्रकाशक,

जगदीश प्रकाशन

445 बर्कडेल ड्राइव

फिएटविल , जार्जिया 30215

फोन :   770-719-5400

Email : agrawaljagdish@yahoo.com

iUniverse LLC
Bloomington

सुबह का कौव्वा
SUBAH KAA KAUVAA

iUniverse books may be ordered through booksellers or by contacting:

iUniverse LLC
1663 Liberty Drive
Bloomington, IN 47403
www.iuniverse.com
1-800-Authors (1-800-288-4677)

ISBN: 978-1-4917-1600-7 (sc)
ISBN: 978-1-4917-1650-2 (e)

Printed in the United States of America.

iUniverse rev. date: 12/13/2013

अनुक्रमणिका

डा. जगदीश अग्रवाल , एक प्रतिभा, परिचय

श्री जगदीश अग्रवाल का जन्म 10 जुलाई 1934 को ग्राम सिरसा, जिला इलाहाबाद (भारत) में हुआ था ।

जगदीश श्री श्रीनाथ एवँ श्रीमती कमला अग्रवाल के सुपुत्र हैं

आपका पालन पोषण उत्तर प्रदेश के ग्राम भरवारी, जिला कौशाम्बी में हुआ, जहाँ वे एक सम्माननीय ग्राम्य शिक्षक श्री ज्वाला प्रसाद श्रीवास्तव द्वारा सँचालित गुरुवाना में पढ़ने के लिये भेजे गये थे । गुरु जी ने उनमें गणित और हिन्दी साहित्य के प्रति रुचि जाग्रत की ।

अपनी उच्च शालेय शिक्षा आपने अग्रवाल विद्यालय इँटर कालेज , इलाहाबाद में पूर्ण की , जहाँ हिन्दी शिक्षक के रूप में युवा हरिवँश राय बच्चन ने सेवायें देकर उस सँस्था को गौरवान्वित किया था ।

जगदीश ने जुलाई 1948 में यूइँग क्रिश्चियन कालेज में प्रवेश लेकर सन 1950 में भौतिक शास्त्र, रसायन शास्त्र और गणित में प्राविण्य सूची में स्थान पाकर इँटर मीडिएट साइँस की परीक्षा उत्तीर्ण की ।

तब आपने इलाहाबाद विश्वविद्यालय में प्रवेश लिया, जहाँ बच्चन, रामकुमार वर्मा, धीरेन्द्र वर्मा, राम प्रसाद त्रिपाठी, फिराक गोरखपुरी जैसी बौद्धिक प्रतिभाओं के लिये प्रसिद्ध था ।

इन्हीं महान शिक्षकों, साहित्य मनीषियों एवँ विचारकों का सानिध्य पाकर जगदीश अग्रवाल की प्रतिभा को पँख मिले और वे निरँतर सफलता के सोपान पर चढ़ते चले गये ।

आपने 1952 में बी. एस. सी की परीक्षा में प्रथम श्रेणी में आकर विश्वविद्यालय में चौथा स्थान प्राप्त किया । सन 1954 में आपने भौतिक शास्त्र में एम. एस. सी की परीक्षमें वार्ड विद्यान्त मेमोरियल स्वर्ण पदक प्राप्त किया । उन्हें इलाहाबाद जयँती पदक 1954 भी मिला ।

तब सागर विश्वविद्यालय के द्वितीय कुलपति डा. राम प्रसाद त्रिपाठी ने उन्हें मात्र 19 वर्ष की आयु में अध्यापन के लिये आमन्त्रित किया, जबकि उनसे अधिक आयु के उनके विद्यार्थी थे ।

आपने सन 1966 में हल विश्वविद्यालय से सालिड स्टेट फिजिक्स में पी. एच. डी की उपाधि प्राप्त की ।

आपका विवाह बुन्देलखंड क्षेत्र के ख्याति प्राप्त नेत्र रोग विशेषज्ञ डा. मोहन लाल अग्रवाल की सुपुत्री सरला से हुआ । सरला के साथ अगस्त 1962 में लँदन पहुँच कर आपने इलेक्ट्रो ल्युमिनेसेन्स आफ सिन्गल क्रिस्टल्स पर आपने शोध कार्य किया , जो वर्तमान टी. वी सेट्स का आधार है ।

इँग्लैंड से लौटने के बाद आपने दिल्ली की नेशनल फिजिकल लेबोरेट्री मेँ आपने फास्फर ग्रुप की आपने स्थापना की ।

जगदीश नियमित रूप से कवितायेँ लिख रहे हैँ । उन्हों ने दिसम्बर 2012   मेँ आपने " सुबह का कौआ " प्रकाशित किया है । अगले मास 2013 के सितम्बर मेँ आप " हल्ला बोल " प्रकाशित करा रहे हैँ ।

अपनी बात

यह पुस्तक “ सुबह का कौव्वा“ मेरी

कविता की पहली पुस्तक है । इस सँस्करण में

त्रुटियाँ को मैंने सुधार दिया है ।

कुछ नई कविताओँ को भी मैंने जोड़ दिया है ।

आपने मेरीफुटकर कविताओँको पसन्द किया ।

अच्छा किया, इससे मेरा उत्साह बढ़ा है ।

“ सुबह का कौवा“ में चित्र श्रामर्किष्ण

विश्वकर्मा जी ने बनाया था, मैं उनका

अनुग्रहीत हूँ ।

निम्न लोगों ने भी मेरी सहायता की है :

1. श्री शिव कुमार अग्रवाल
2. श्री नितिन अग्रवाल
3. डा. पवन अग्रवाल
4. डा. पल्लव अग्रवाल
5. श्रीमती सरला अग्रवाल
6. श्री पराग अग्रवाल
7. चिरँजीव विमान अग्रवाल

मुझे विश्वास है कि आप सब इस पुस्तक को

भी मन से अपनायेंगें।

भगवती सरस्वती की दया मुझ पर बनी रहे ।

निवेदक ,
जगदीश अग्रवाल
23 सितम्बर 2013

दरिया का पानी

मैं दरिया का बहता पानी ,

बीत रही है , मेरी जवानी ,

क्यूँ मैं कह दूँ अपनी कहानी ,

जीवन ने की जो मन मानी ।

मैं दरिया का बहता पानी   ....(1)

रोओ मत ,   सुख से सो जाओ ,

जो कुछ अपना है , अपनाओ ,

बाहर का बाहर रहने दो ,

अपने अँतर में खो जाओ ।

बहते हो , तो बहते जाओ ,

झूठी , सच्ची बात बनाओ ,

नदिया की धारा में डूबो ,

मन को , मन ही में समझाओ ।।

मैं दरिया का बहता पानी ....(2)

कँकड़ , पत्थर , बड़े भयँकर ,

जितने सारे मिले मोड़ पर ,

कितनी गहराई को मापा ,

कितनी अनचाही को नापा ,

कोई अपना नहीं जगत में ,

फिर किस दुश्मन का है रोना ।।।

मैं दरिया का बहता पानी ....(3)

चले चलो , पीछे मत देखो ,

दरिया नहीं देखती पीछे ,

इस जीवन से , मरना अच्छा ,

आहों को , आहों से सींचो ।।।।

मैं दरिया का बहता पानी   ....(4)

मेरा मन , किस किस से पूँछे ,

खोया रुपया कहाँ मिलेगा ,

और किसी से कुछ मत सीखो ,

यह है मेरी आत्म कहानी ।।।।

मैं दरिया का बहता पानी   ....(5)

लन्दन से व्रिन्दाबन

चले हैं राह पर देखो , सितमगर किधर जाता है ,
इधर जाऊँ तो , वह क़ातिल , उधर से निकल जाता है ।
हवा आई है लन्दन से , बरसता है वहाँ पानी ,
मैं बेसबरी से ढूँढ़ूँ हूँ , मेरे दुख दर्द की रानी ।

न कोई मिला लन्दन में , छिपे सब लोग बादल में ,
यह है रविवार ईस्टर का , फँसी गुलबदन दल दल में
.......(1)

ए तनहाई का आलम है , छिपो मत दूर लन्दन में ,
बुलाओ सूर्य को जल्दी , सुनहरा करो दिन क्षण में ।
क्यूँ मुँह पे छाई मतवाली , अँधेरा आज छाया है ,
अरे जगदीश अब तेरा , मसीहा बन के आया है ।।

उसे सुम्मार को कबरिस्तान से उठना है नामँज़ूर ,
सनातन है , स्वयँभू है , वह क्यूँ होवेगा चकनाचूर ....(2)

न ठुकराना उसे तुम अपने , जीजज़ की तरह उसको ,
समा लो सबको अपने मेँ , बुलाते हो तुम अब जिसको ,
बनो शँकर , पुकारो पार्वती को नेहकर कर से ,
बनो राधा , हरो बाधा , रचाओ रास हँस हँस के ।।

तुम्हारी ज़मीँ सूखी है , न बरसाने मेँ वे गाने ,
बुलाओ श्याम सुन्दर को , छिड़ेँ सुख शान्ति की तानेँ
........(3)

न मुझको है ज़रूरत कुछ , न कोई शौक बाक़ी है ,
पिलाओ मुझे मत अमरित , ये जर्जर देह राखी है ।
निमँत्रण बिना मैँ घनश्याम , अब हरगिज़ न आऊँगा ,
तुझे आना पड़ेगा फिर , न मैँ अब कहीँ जाऊँगा ।।

तेरा ब्रज बड़ा ब्याकुल हो के तेरी राह देखे है ,

बड़ा निष्ठुर है तू छलिया , यशोदा तुझे पेखे है ।।।।
.... (4)

हज़ारों साल पहले , तूने किया था वादा ,

तू लौटेगा मेरे गोकुल में , अब कर देर मत ज्यादा ।

गिरेगी गाज़ धरती पर , सबेरा लौट आयेगा ,

करेगा खतम दुष्क्रित को , तू निज को फिर सजायेगा ।।

कहाँ तक राह देखेगा , कहाँ तक गिरेगा भारत ,

कहाँ तक जलेगा कश्मीर , दिल्ली और पानीपत ।।
........(5)

तेरा शुभ नाम है गिरधर , तुझे सच्चा बनाऊँगा ,

सहारा दे के अच्छों को , बुरों को फिर भगाऊँगा ।

अहिँसा का नहीँ मतलब , सितम हम सब सहे जायेँ ,
न होने देँगेँ आगे जुल्म , तेरे जगदीश हैँ आये ।।

जिधर देखो , उधर घनश्याम राधे सहित बनवारी ,
करम तुम कर बनो शिक्षक , है रक्षक तेरा गिरधारी ।।
........(6)

बनाना देश को ऊँचा , और रक्षा धर्म की खरना ,
सभी भी लोग अपने हैँ , न तन का मोँह तुम करना ,
जहाँ सुख शाँति गायब है , सुनो रे मन ,
न लक्ष्मी कभी आती है , सदा वह देश है निर्धन ।।

जलाओ तुम न मन्दिर को , न मेटो देन पुरखोँ की ,
तेरे हर जीन मेँ मूरख , कहानी लिखी बरसोँ की ।।।
........(7)

दोष सभी कुछ मेरा

आप स्वच्छ , सुन्दर पवित्र हैं , दोष सभी कुछ मेरा ।

मध्य रात्रि के शून्य काल में , जन्मी उषा , सबेरा ।।

हुआ प्रभात , भरी शर्मीली , रश्मि कहाँ से आई ,

दोष सभी कुछ मेरा भाई , दोष सभी कुछ मेरा ।

मुझको शर्म न आई भाई , दोष सभी कुछ मेरा ।।

........(1)

सुबह बदलता रोज शाम में , मध्यान्तर के बल से ,

होली की कुलबुल कोलाहल , दीप शिखा के छल से ,

क्रिष्ण बदल कर राम हो गये , सीता के कौशल से ,

राधा घुल , तन क्षीण हो गईं , मधुकर कर चँचल से ,

दोष मुझे दो मेरे भाई , दोष सभी कुछ मेरा ।

ब्रज बाला गण मुझे दोष दो , क्यों हो गया सबेरा ।।

दोष सभी कुछ मेरा भाई , दोष सभी कुछ मेरा
.........(2)

झूठी प्रीत निभाई तुमने , याद कहाँ बिसराई ।

मैंने जब भी तुमसे पूँछा , तुमने ली अँगड़ाई ।।

अँगड़ाई पीड़ित आँगन में , हो गया रैन बसेरा भाई ।

कपट किया राधा रानी ने , दोष सभी कुछ मेरा भाई
........(3)

हार जीत की बात कहाँ है , बाज़ी मैंने हारी ,

खाली दाँव लगा बैठा मैं , धर धन अतिशय भारी ।

दोष सभी कुछ मेरा भाई , दोष सभी कुछ मेरा .

क्रिष्णार्पण के दूषित पण में , दोष सभी कुछ मेरा ।

दोष सभी कुछ मेरा भाई , दोष सभी कुछ मेरा ....(4)

शिकायत है

शिकायत आपको है , रात भर ग़ायब रहा क्यूँकर ।

बड़ी मस्ती से सोये आप , गेशू को यूँ बिखरा कर ,

ये डर था मेरी साँसों की लहर से आप जग जायें ।

दबा दिल को बड़ी मुश्किल से , निकला राहे दिलबर पर

,

शिकायत फिर भी अब तक है , ग़ायब रहा ड़र कर ।।

शिकायत ही शिकायत है

........(1)

लहू से भरी ए आँखें , सबेरे की यह अँगड़ाई ,

पिघलती हुई मैस्कैरा , जवानी सी उमड़ आई ।

न देखो तिरछी आँखों से , भले खँजर चला लो तुम ,

कहे जगदीश क्या , हम दम , उसे अपना बना लो तुम ।

शिकायत बाद में करना , अभी तो उसको जायज़ कर ।।

शिकायत आपको है , रात भर ग़ायब रहा क्यूँकर ....(2)

ये मीठे होठ से निकली , हैं बातें तेरी ज़हरीली ,

करूँगा उफ़ , दुआ दूँगा , मिले तुमको सबब मेरा ।

मैं आऊँगा , लगाना दिल पे मलहम हाथ झटका कर ।

शिकायत आपको है , रात भर ग़ायब रहा क्यूँकर ....(3)

न मुझको स्वर्ग ले चलना , चिता पर भी नहीं रखना ,

न दूषित अग्नि से ही तुम हवा को बेहवा करना ।

बुलाकर दुश्मनों को , बाँट देना मेरी हर बोटी ,

कि दुश्मन मित्र बन जायें , रहे सुख शान्ति जीवन भर ।

शिकायत उनको करने दो , मुआ ग़ायब हुआ क्यूँ कर ,

शिकायत आपको है , रात भर ग़ायब रहा क्यूँकर ....(4)

हवा को एक बोसा दो , मचल कर मैँ ठहर जाऊँ ,
तेरे बाज़ू के आँचल से, छलक कर मैँ महक जाऊँ ।
सबेरे मैँ सुगँधित वायु बन कर पैर चूँमूँगा ।।
निशा होने के पहले सिमट कर मैँ झूम झूँमूँगा ।
शिकायत आपको है , रात भर ग़ायब रहा क्यूँकर ....(5)

शिकायत और न शिकवा है , चलूँगा मैँ इशारे पर ,
शिकायत आपको है , रात भर ग़ायब रहा क्यूँकर ....(6)

सौगात जगदीश

लाया हूँ पहली सुबह को , मैं धन भरी सौगात ,

जिस जगह शान्ति हो नहीं , लक्ष्मी न रुकती रात ।

छिलता, छलकता , दहकता , है ढ़ल गया यह गात ,

कर्म बिन गिरता बुढ़ापा , है न सुनता बात ।

दमक दमकत , झूम झिम रिम , खा कपट से मात ।।

आ गये जगदीश जग में , सुन उसी की बात ।। ....(1)

नये युग की किरन पहली , खोलती नव द्वार ,

दुबक उलझी उलझनों में , बँधी आँसू धार ।

आ गई मेरी सहेली , प्रिय करो स्वीकार ,

जोश में छलके न मितवा , प्यार की बौछार ।

पग न , दो पग , चल न पाई , मत करो तकरार ।।
........(2)

पर्वतों से अश्रु सी बह , नव नदी की धार ,

क्यों करो , छल कपट , छिद्रित स्वार्थ लिपटा तर्क ।

धवल छवि निर्मित छबेली , प्रेम रहित कुतर्क ।।

हाथ जोड़ूँ , पैर पड़ लूँ , करूँ तुम्हें सतर्क ,

मत गँवाओ जिन्दगी , कर ब्यर्थ मिथ्या तर्क ।।।   ....(3)

उतरने दो , सीझने दो , एन्टी सेप्टिक अर्क ,

एड्स जैसे रोग करते , आज बेड़ा गर्क ।।

शर्म आये , या न आये , क्या करोगे आप ,

छोड़ दो बरसों पुराने , चिथे पिछड़े माप ।।

छिन गया देशी , न तन धन , रही देशी छाप ,

माँ जली जिन्दा दिली में , खप चुका है बाप ।।।   ....(4)

राह बेढ़ँगी पुरानी , कर रही हिप हाप ,

दोष मेरा ही सभी कुछ , और मेरा पाप ।

खुद कुशी करने न दूँगा , नये युग की शान ,

ना लगे बट्टा न बिटिया , मत करो अपमान ।

बाप दादे मर चुके , बच्चोँ का रखना ध्यान ।। ....(5)

छोड़ दो चोरी , छिछोरी घूस मेरी जान ,

कुछ भी कह लो , हिन्द , भारत , स्वर्ग , हिन्दुस्तान ।।

क्या करेँ , हिन्दू , मुस्लमाँ , मुफ्त दे कर जान ।।

........(6)

बाल मुरली क्रिष्ण

शायर तो , ज़फर मीर , जोश , दाग़ थे सभी ,

सब जख्म दिल की आग में , झुलसाये थे कभी ,

ग़ालिब ने कूचा कूचा छान डाला था कभी ,

दिल्ली की चाँदनी में ढूढ़िये ग़ालिबाँ अभी ,

सुनिये हवाये दर्द का , मसला कभी ज़रूर ।

बन जाइये शरीफ़ तो , होगा मेरा क़सूर ।। .....(1)

जिसने न सहा दुःख , न जाना दर्द किसी का ,

ज़िन्दा रहा कैसे , दुखाया दिल न किसी का ।

मासूम कली ना छुई , जिसने गुलाब की ,

जिसने किरन पकडी नहीं , उफ़ आफताब की ।।

कैसे सुनेगा राग बाल मुरली क्रिष्ण की ।
जसराज, अमजद शाद की, वह चाँदनी कभी ।। ...(2)

जगवाओ उसे , नासमझ , भूला है शान में ,
अटका हुआ डालर में है , अकड़ा है आन में ।
जीवन क्षणिक , यह ज्ञान है हरगिज़ नहीं से ,
झटका बिना खाये , मिला भगवान है किसे ।
दो डूबने मेरे दोस्त को गँगा की धार में ,
मत उसको बचाओ अभी, दुनिया की मार से ।।...(3)

चाहे रहा सहा कहीं , जवानी के जोश में ,
भटका बे राहे राह में , मदिरा के होश में ।
शायद है मिल गया उसे पथरीला रास्ता ,
मज़बूत होंगे पाँव , लिखके दिल की दास्ताँ ।।

बादल उमड़ आयेँगेँ , बरसायेँगेँ सुधा रस ।

आनन्द की बौछार मेँ , डूबेगा वह सरस ।। ...(4)

ईमाने अमीराँ

ईमाने अमीराँ को है , आदाबे दिल जगदीश ,

तहज़ीब की परी को फिर क्यूँकर न झुके शीश ।

काफ़ी पिया के कर दिया ताज़ा , मियाँ ताज़ा ,

ईमान के एहसान में , अब तू बजा बाजा ।।

आमीन , शाँति , कह प्रभू , तुझको मेरा सलाम ।

तुम विष्णु , राम , महादेव , तुमको राम , राम ।।
........(1)

सारी मनुष्य जाति का भगवान सिर्फ एक ,

जाने बिना यह तत्व , नर न बन सकेगा नेक ,

नारी को तुम ए बेखबर ले जाओ नहीँ नर्क ,

मारो न बाल कन्या को , क्योँ करते बेड़ा गर्क ।।

नारी बिना न हिन्दू , हिन्दू बिन न मुसलमान ।

जय हिन्द मेरे आशिको , जय बोल हिन्दुस्तान ।।
........(2)

देखो तो अपने खून में , पाओगे राम नाम ,

जा देख त्रिनीदाद में , इस्लाम का पैगाम ।

अल्लाह तेरा विष्णु है , अल्लाह तेरा राम ,

झगड़ा मिटा के शाँति से , भज राम, राम, राम ।।

अल्लाह तुझे दे रहम , दे शरम , करम , काम ।

पायेगा तू कुर्रान में , गीता का ही पैगाम ।।
........(3)

इकबाल ने कहा , न झगड़ नामे मजहबाँ ,

आया है तू जीने के लिये , मर न जाने जाँ ,

अल्लाह नहीं चाहता कर खून खराबाँ ,

कर मत न खुद कुशी , सम्हल जा रोक कर जुबाँ ।।

मुस्लिम तू हो गया , मगर है हिन्दू माँ का पूत ।

मन्दिर जला के , मार काट कर बना कपूत ।।
........(4)

देखे जो अपने खून में , पायेगा राम नाम ,

जा देख त्रिनीदाद में , इस्लाम राम धाम ।

अल्लाह तेरा विष्णु है , अल्लाह तेरा श्याम ,

झगड़ा मिटा के शाँति से , जप राम, श्याम , राम ।।

अल्लाह तुझे दे रहम , दे शर्म , कर्म , काम ।

पायेगा तू कुर्रान में , गीता का ही पैगाम ।।   ....(5)

मुस्लिम तू हो गया , मगर तू हिन्दू माँ का पूत ।

मन्दिर जला के , मार काट कर न शान्ति दूत ।।
........(6)

नानक , कबीर , जायसी , नाँदाँ , तू पढ़ रहीम ,

रसखान को जाने बिना , पायेगा कैसे थीम ।।

जीने दे दूसरों को , कर बेटियाँ आज़ाद ,

तू छोड़ कर तलाक़ , करे आज ब्रह्म नाद ।।

नादान मुसलमान , तेरा दोस्त है जगदीश ।

है नया समय , नया विश्व , नयी मन की टीस ।।

........(7)

तू दे निकाल हिँसा को , अपने कुर्रान से ,

इस्लाम को स्वतँत्र कर , आमीन ज्ञान से ।

तू रख कुर्रान , बाइबिल , वेदों के अन्तरीन ,

पायेगा भक्ति , शक्ति , मुक्ति , राम नाम लीन ।।

..........(8)

इन्सान को लड़ने , न झगड़ने का हक़ कोई ,

धरती के भागीदार , तेरी माँ बहुत रोई ।।

भगवान भेजता तुझे शुभ कर्म के लिये ,

उल्लास , हर्ष , शाँति , नियम , धर्म के लिये ।।

उस्ताद बेखबर है ली बेकार तूने जान ,

माँ , तेरी दुखी पड़ी , तू ईमान को पहचान ।।

........(9)

तू भेजे बच्चे , बच्चियों को मौत के निकट ।

तू भेजता नाँदाँ जहाँ , ज्वाला बड़ी विकट ।।

.......(10)

बरसात

मर कर अमर होने से , कोई बात नहीं बनती ,

बादल के सिर्फ छाने से , बरसात नहीं बनती ।

बैठा हूँ तेरे दर पे , दिन के पहले पहर से ,

तू आया , गया , आया , फिर भी रात नहीं बनती ।।

मैं मर के भी करूँगा क्या , जाऊँगा खाली हाथ ,

बन्दे मेरे तड़पेंगें , न जायेंगें मेरे साथ ।।
........(1)

जो बात है बिगड़ चुकी , वह बात नहीं बनती ,

बादल तो हैं बिछे मगर , बरसात नहीं बनती ।

बादल के सिर्फ छाने से बरसात नहीं बनती ।।   ....(2)

मरना हो , तो मरिये हसीना के कदम पर ,

जीना हो , तो मरिये मियाँ मैदाने इश्क पर ,

29

मरने के पहले कीजिये जीने की गुफ्तगू ,

फैलाइये चारो तरफ़ , अफ़साना रू बरू ।।

     जीने में कुछ मज़ा नहीं , मरने में शान है ,

     जो दिल कभी मरा नहीं , बेजान जान है ।।
........(3)

बन कर बिगड़ चुकी है , मेरी बात नहीं बनती ,

बादल के उमड़ आने से , बरसात नहीं बनती ।

बादल के सिर्फ छाने से , बरसात नहीं बनती ।।
........(4)

छाया बुखार दिल का , सूना हुआ आँगन ,

बेबस में उठ चुका है , जज्बात का क़फन ।

कोई मनाओ उनको , वे नीचा करें मिजाज़ ,

मुझको पता नहीं मियाँ , दुख दर्द दिल का राज़ ।।

प्यारे दुआ दो उनको , करने दो सितम उनको ,
होने दो जीत उनकी , ढाने दो ज़ुल्म उनको ।।
........(5)

बादल के सिर्फ आने से , बरसात नहीँ बनती ,
मरने के बाद , दुनिया में कोई बात नहीँ बनती ।
बादल के भिड़क जाने से , बरसात नहीँ बनती ।।
........(6)

बरबाद हो के और हम , बरबाद नहीँ होँगें ,
बँधन में बँध के और हम , आज़ाद नहीँ होँगें ।
हर बात उनकी ऊपर , हर उनका इशारा ,
फिर भी यह बन्दा मिरा , बेकार गया मारा ।।

हर दाँव हम लगा चुके , जीते न कभी हम ,

खेलेँगें हम , हारेँगें , खेलेँगें फिर भी हम ।।

........(7)

जीकर भी हम मरेँगें , फिर भी झेलते रहेँगें ,

यह काम है हमारा , पर बात नहीँ बनती ।

हम कुछ भी करेँ फिर भी , बरसात नहीं बनती ।।

बादल के मुकर जाने से , बरसात नहीँ बनती ,

बरसात नहीँ बनती , हाँ बरसात नहीँ बनती ।।

........(8)

सुबह का कौव्वा

रात भर तकते रहे , उसको मगर ,

सुबह का कौव्वा उसे हड़का गया ।

सैकड़ों तदवीर की हमने मगर ,

मरने के पहले हमें भी खा गया ।।

मौत का कौव्वा हमें भड़का गया ।।

........(1)

जिन्दगी है सिर्फ हबसों की कतार ,

जिन्दगी भर हबस जिन्दा रहती है ।

मरने पर भी हबस कायम रहती है ,

सुबह का कौव्वा उसे बिचका गया ।

मौत का कौव्वा हमें भड़का गया ।।

........(2)

जिन्दगी से मौत , क्यूँ न हो बेहतर ,

सुख को देख यार रोता है ।

सुबह होती है , और फिर शाम ,

कड़ी दुपहर में फिर यार सोता है ।।

अँग अँग से बरसता रोना है ।

मौत का कौव्वा उसे हड़का गया ।।

........(3)

जिन्दगी का अँजाम , चाहे कुछ भी हो ,

मौत की शिकायत बिल्कुल बेकार है ।

सुबह की कोयल मुझे समझा गई ,

सुबह का कौव्वा उसे तड़पा गया ।।

मौत का कौव्वा हमें भड़का गया ।

मौत का कौव्वा हमें अपना गया ।।

........(4)

सुबह की झुलसती किरनें , बता देतीं हैं दिन भर की हवा ।

डूब गया सूरज तो , चमक कर कहतीं हैं , तुझे क्या हुआ ।।

चेहरे की चमक से पूँछ लो , रात भर का हँगामा ,

रात कैसी गुजरी , अच्छी को खराब , हमने माना ।।

धीरे धीरे , सुबह भी गुजरने आई ,

मौत का कौव्वा हमें ही खा गया ।।

........(5)

देश का हाल , कुछ न पूँछ भाई , बात कुछ गुम शुम सी है ,

सोनिया , मन मोहन की , तड़प झड़प खुम सुम ही है ।।

राहुल और वद्रा की , पकड़ सिर्फ अरविन्द तक ही है ।

देश ने झख मारा , हाहा कार सँसद के दरवाजे तक ।।

सुबह का कौव्वा हमेँ ड़रवा गया ।

मौत का कौव्वा हमीँ को खा गया ।। ....(6)

साठ दिन मेँ चुनाव लड़ना है ,

मन गढ़न्त बात खूब गढ़ना है ।

देश का भला न हो चाहे , पैसा बरबाद खूब करना है ।।

जान माल दूसरोँ का रहा सही , बात का खून हमेँ करना है ,

मोदी आयेँ , चहे राहुल , लूट की लात घात करना है ।।

देश का तो विनाश हो ही गया ।

सुबह का कौव्वा हमेँ समझा गया ।।

........(7)

राम नाम कहना

बीत गई जिन्दगानी , होश नहीँ आया ,

दुनिया का माया जाल , भ्रम मेँ घुमाया ।

छोड़ दे पुरानी बात , चादर हुई पुरानी ,

राम , राम , तू रट रसना , सुन मेरी कहानी ।।

बूढा हो गया हूँ मैँ , जीवन बचा नहीँ ।

दिन ढ़ल जाने को है , कुछ भी सजा नहीँ ।।

राम नाम कहना , बहना ; राम नाम कहना । .....(1)

राम नाम पूरण है , जीवन का सार है ,

राम नाम कहे बिना , जीवन बेकार है ।

रुपया पैसा घुटे है , सोना चाँदी मिटे है ,

राम नाम कहना , जीवन बाद जिये है ।।

राम कहो , श्याम कहो , रटो राम , राम , राम ।

रसना जब सूख जाय , ले लो शिव शँकर नाम ।।

राम नाम कहना , बहना ; राम नाम कहना ।   .....(2)

राम लक्ष्मण जानकी , हे हाँ जानकी ।

जय बोलो हनुमान की , हनुमान की ।।

राम नाम से जग लिपटा है ,

जीवन भर का सुख चिपटा है ।।

सच है राम राम का कहना , मेरी बहना ।

राम नाम कहना , बहना ; राम नाम कहना ।   .....(3)

जय श्री राम , जय जय जय राम ,

सच मानो सजना , तुम सच्चा जानो बहना ।   ....(4)

राम नाम कहना , बहना ; राम नाम
कहना ।   .....(4)

आम आदमी

आम आदमी कौन है , कहाँ है , कहाँ का क्या है ,

किस लिये , किसका है , मुझे कुछ लेना नहीं है उससे ।

हम तो शानदार वद्रा हैं , सोनिया महरानी के दामाद ,

मन मोहन है हमारा खिदमदगार ,

हमारी अपनी है सरकार ।।

हम प्रजा नहीं , हम तो मालिक हैं ।

आम आदमी तो भारत का जीवन भर है ,

जिये या मरे , हमें कुछ मतलब नहीं ।। ....(1)

आम तो देश की शान है , उसका मान करो ।

सहारा दो उसको ,

फिर देखो ,

वह देश को कहाँ तक पहुँचाता है ।

स्वर्ग से भी ऊपर ,

उन्नति के नाम पर उसकी जयकार करो ,

क्योँकि वह अपना है , सपनोँ का भी सपना है ।।

आम आदमी तो खास आदमी से अदिक खास है ।

जिये और जिये , जुग जुग जिये ।। ....(2)

आम आदमी हिन्दुस्तान के पास है , वह हिन्दुस्तानी है ।

सिर्फ वही हिन्दुस्तानी है , हाँ है ।।

वह है ।। जिये और जिये , खूब जिये ।।
........(3)

सात समन्दर पार

सात समन्दर पार , हमे अच्छा लगता है ,

पीड़ा का ब्यापार मेरे मन को डसता है ।

सात समुन्दर पार किया , तो घर को आये ,

दुनिया भर मे जगह जगह , भटके भरमाये ।।

रुपया हमको नही मिला , तो डालर खाया ,

प्यार नही पाया तो हमने बिष अपनाया ।।।

सात समन्दर पार ।। 1 ।।

छोड़ मेरी बात , हाल अपना बतलाओ ,

दिल मे पीड़ा बढ़ी , हिन्द की बात सुनाओ ।

हिन्दू, मुसलिम, सिक्ख, साथ मे रहते तो है,

रगड़ झगड़ कर, पकड़ मूँछ को सोते तो है ।।

तीस सदी की तरफ जा रहा दुखी जमाना,

भारत मे बस बढ़ी घूस का आना जाना ।

सात समुन्दर दूर, फिकर तब भी लगती है,

कितनी प्यारी भारत की सुन्दर धरती है ।।।

सात समन्दर पार ।। 2 ।।

बाजरे की रोटी

बाजरे की रोटी और सरसों का साग ,
फिर भी नहीं बुझी मेरे अन्तर की आग ।
मुझसे कुछ पूँछ नहीं , दिल जलता है ,
दुनिया को देख , देख , जी ढ़लता है ।।
बाजरे की रोटी और सरसों का साग बाबा ....(1)

एक तरफ़ महलों के पर्वत खड़े हैं ,
सामने ही माटी के झोपड़े पड़े हैं ।
क्या करें हम महाराज , जलाते हो बच्चों को ,
मेरी नाँव डूब रही , नदिया है रोने लगी ।।
बदरा जी हँसते रहें , रोते रहें अरविन्द ।
बाजरे की रोटी और सरसों का साग ढ़ाबा ....(2)

हम तो हुये बुडढ़े , बात नौजवानों की ,

बहुत हुआ अत्याचार , रात खान खानों की ।

हम तो हार मान चुके , हम तो बेगाने हैं ,

जो हैं पैदा नहीं हुये , उनको उकसाने हैं ।।

बाजरे की रोटी और सरसों का साग भागा ....(3)

हिन्दू जियें , मुस्लिम जियें , रहें सब मिल जुल कर ,

सब कुछ जी यहाँ रक्खा , मौज करो जी , जी भर ।।

कहो राम , कहो श्याम , खुदा , अल्ला , सुभान अल्ला ,

बुद्ध कहो , जीज़ज़ कहो , रुपया पैसा, हो लल्ला ।।

बाजरे की रोटी और सरसों का साग जागा ....(4)

अपना विमान आया

विधि का विधान रच कर , अपना विमान आया ,

सुख शाँति की चुनौती लेकर , हाँ अपना विमान आया ।।
........(1)

दुख दर्द का हवाला , अब और नहीँ देखो ,

धरती मेँ जो किया है , उसको समझ के देखो ।।

मेरी जुबान कब की , अब बन्द हो चुकी है ,

तेरी जुबान अब भी , चलती ही जा रही है ।।

विधि का विधान रच कर ,
अपना विमान आया, सुख और शाँति लाया ।। ......(2)

मुझसे बहस करो मत , मैँ शख्स सीधा साधा ,

कहना हो जो कुछ तुमको , अल्लाह से कह देखो ।।

बरबाद करके दुनिया , अब हाथ धो रहे हो ,

यह सोचना था पहले , क्यों पाप कर रहे हो ।।

अपने करम के कारन , तुम फिर से जी उठोगे ,

ईशा और मुहम्मद का क्यूँ नाम ले रहे हो ।।

विधि का विधान रच कर ,
अपना विमान आया, सुख और शाँति लाया ।। ......(3)

क्यूँ बार बार धरती पर फिर आप आ रहे हो ,

क्यों मुफ्त गुफ्तगू में , मेरी जान खा रहे हो ।

जो ढूँढ़ते हो बाहर , अन्दर तुम्हारे बैठा ,

लोगों को लूटने का क्यूँ काम कर रहे हो ।।

विधि का विधान रच कर ,
अपना विमान आया, सुख और शाँति लाया ।। ......(4)

विज्ञान का जमाना , आगे खिसक चुका है ,

जो हो गया पुराना , फिर क्यों बुला रहे हो ।।

विधि का विधान रच कर ,
अपना विमान आया , सुख शाँति , क्रान्ति लाया ।। ..(5)

रफ्तार समय की अब , तेजी से भग रही है ,
कानून , ज़मीँ बेटा , पीछे से सट रही है ।।
मुझको ये बताओ क्यूँ , ज़िद्द कर रहे हो ,
क्यूँ कारवाँ ज़माना , पीछे को ला रहे हो ।।

विधि का विधान रच कर ,
अपना विमान आया , सुख शाँति , क्रान्ति लाया ।। ..(6)

आँसुओं में गोते लगाना बेकार है ,
अपनी मेहनत का फल , मुझे स्वीकार है ।
ज़िन्दगी की रफ्तार , को छेड़ो मत ,
घुल गये दर्द की कहानी से पूछो मत ।
ज़िन्दगी खत्म हुआ चाहती है , अब ,
बुढ्ढ़े घुड़सवार को तो जाने दो , जाने दो ।।

विधि का विधान रच कर ,
अपना विमान आया , सुख शाँति , क्रान्ति लाया ।। ..(7)

नदी सागर में जाने वाली है ,
जान मेरी अब , उड़ जाने वाली है ।

जो कुछ करना था , वह कर लिया मैंने ,
रो धो के , फिरसे हँस लिया मैंने ।।
न शिकायत , न कोई ग़म ही बचा मुझमें ।

विधि का विधान रच कर ,
अपना विमान आया , सुख शाँति , क्रान्ति लाया ।। ..(8)

जाँ फ़रोशी की हबस , फिर भी है ।
मरने पर भूल जाओ मुझे ,
चादर पुरानी है , सीना धोना नहीं , इसे प्यारे ।
मरना बाक़ी था , वह भी करके देख लिया ।।

विधि का विधान रच कर ,
अपना विमान आया , सुख शाँति , क्रान्ति लाया ।। ..(9)

दया करो भगवान

सुधर जाय इन्सान , स्वार्थ वह अपना त्यागे ,

छोड़े वह अभिमान , पाप से ड़र कर भागे ।।

    जागे हिन्दुस्तान , जान में हिम्मत आवे ,

    देश प्रेम की आग जगे , घर सम्पति आवे ।।

        सुधर जाय इन्सान , स्वार्थ वह जल्दी त्यागे

........(1)

जय जय हिन्दुस्तान , कर्म अपना फल ल्यावे ,

देश बने सद्धर्म , आत्मा बुद्धि जगावे ।।

जागे हिन्दुस्तान , बढ़े आगे को भारत ,

हिन्दू जागे , देश की सेवा में हो रत ।।

    जय , जय हिन्दुस्तान , हमारा नाम बढ़े जी ,

    कर्म , धर्म के साथ , हमारा वेष चढ़े जी ।।

सुधर जाय इन्सान , मान वह अपना त्यागे
........(2)

रामायण का ध्यान , राम जी हमें दिलावें ,

सीता का सम्मान , देश वासी नित लावें ।।

दशरथ सुत बन राम , पुन: आवें बिन्दाबन ,

ध्यान , मान , नित ज्ञान , बढ़े जनता में प्रति क्षण ।।

सुधर जाय इन्सान , काम वह अपना त्यागे
........(3)

हिन्दू बने महान , जगत भर में चर्चा हो .

हो जगदीश निशान , और उसकी अर्चा हो ।।

छापें वेद पुराण , और मापें महाभारत ,

सब दिन नित्य समान , सब जुटें कर्म रत ।।

सुधर जाय इन्सान , शान वह अपनी त्यागे   ....(4)

जय जय हो , जय हिन्द , आज आवें गिरधारी ,

मन में हों गोविन्द , रोज यह आस हमारी ।।

सुधर जाय इन्सान , राग वह अपनी त्यागे ....(5)

चिड़ियाँ

सुबह सुबह चिड़ियाँ आतीं हैं ,

सूरज की किरनें साथ साथ लातीं हैं ।

        चहचहातीं हैं , गुन गुन गातीं हैं ।।

ताकि दुनिया स्वर्णिम हो ,

चहल पहल हो दुनिया में ,

झोपड़े मिट्टी के हों , चाहे पत्थर के महल हों ।।

    सुबह सुबह चिड़ियाँ आतीं हैं , चहचहातीं हैं
........(1)

खाना सबको पर्याप्त मिले , बीमारी से नजात मिले ।

    हमारा और आपका साथ साथ हाथ मिले ।।

दाता को ज्ञान मिले , लेता को प्रमाण मिले ।।

इसीलिये सुबह सुबह चिड़ियाँ आतीं हैं , चहचहातीं हैं ....(2)

इसीलिये चिड़ियाँ आतीं हैं सुबह, सुबह ।

सबको लुभातीं हैं , सुबह सुबह ।।

देश घुलता है , फिर भी चिड़ियाँ आतीं हैं ।

चहचहा कर ठठ्ठा लगा जातीं हैं ।।

काला कौआ आता है , सब कुछ खा जाता है ।

चिड़ियाँ डर जातीं हैं ।।

बदरा भी हँसी के ठठ्ठे लगा जाता है ,

सोनिया प्रियँका के साथ , साथ ।।

सुबह सुबह चिड़ियाँ आतीं हैं , चहचहातीं हैं ....(3)

क्या चाहिये

कुछ नहीँ , कुछ भी नहीँ चाहिये मुझे ,

आप ले लो ,जो कुछ लेना हो , आपको ।

मुझे तो सब कुछ देना ही देना है ।।

सबेरे सबेरे की जलेबी , और एक समोसा ,

मुझे चाहिये , सबेरे सब्रेरे की जलेबी ....(1)

दूध के साथ खायेँगे जलेबी,

धूल और धक्कड़ चाहे कितनी भी हो ।

भीड़ भाड़ के साथ तो धूल रहती ही है ।।

पाँव लड़खड़ाते हैँ मेरे , हाँथ काँपते हैँ ,

पसीना निकलता है ,पर बात नहीँ निकलती

;

क्या हो गया है मुझको ?

जो भी हो गया , उसे होने दो ,

सपने को सपने में सोने दो ।

मुझे तो सिर्फ चाहिये , सबेरे सबेरे की जलेबी　　　......(2)

मुझे और कुछ भी नहीं चाहिये ।।

मुझे तो दे देना है , अपनी थकी हुई ज़िन्दगी ।

ले लो , इसे जल्दी से ले लो ।।

थक गया हूँ , हारा हूँ ;

दुख के थपेड़ों का मारा हूँ ,

हारों का हारा हूँ मैं ।

मुझे तो सिर्फ चाहिये , सबेरे सबेरे की जलेबी　　　......(3)

फिर भी जीता हूँ ,

क्योँकि हार मेरी जीत है ।

मुझे तो सब कुछ देना ही है ।।

मुझे तो सिर्फ चाहिये , सबेरे सबेरे की बर्फीली जलेबी
......(4)

कुछ ख्यालात

फोन करो तो , फोन काट कर धर देते हैँ ,

रुपयों की झनकार सुना कर डस लेते हैँ ।

धरती काँप रही , इन लोगोँ के डर से ,

हम कब के थक गये , हबस मेँ , इनके कर से ।।

चाहिये है पैसा सबको ....(1)

कितनी बार लिखा , हम तुमको रुपया देंगेँ ,

तुम चुन लो , कुछ छात्र , बात हम सब कर लेंगेँ ।

तीन दिनोँ से बार बार मिन्नत करता हूँ ,

जो चाहो , कर दूँगा मैँ वादा करता हूँ ।।

हम कब के थक गये , हबस मेँ , इनके कर से ।।

चाहिये है पैसा सबको ....(2)

इनको है अभिमान , हमारी नहीँ जरूरत ,
देश पड़ा अनजान , सो रहा निजल स्वप्न रत ।

ना जाने कब हरित हिन्द को मिलिहै राहत ,
बेटे हैँ नादान , बेटियाँ हैँ फैशन रत ।।

हम कब के थक गये , हबस मेँ , इनके कर से ।।

चाहिये है पैसा सबको ....(3)

इनके कारण , राम न आयेँगेँ फिर भारत ,
गीता माँ का ज्ञान , ब्यर्थ है इनके माहत ।
जय जय हिन्दुस्तान , ब्यर्थ है इनका गाना ,
खा रिश्वत की किस्त , हुये हम सब बेगाना ।।

हम कब के थक गये , हबस में , इनके कर से ।।

चाहिये है पैसा सबको   ....(4)

ये न सुधर सकते , न ज्ञान इनको आयेगा ,

पागल हिन्दुस्तान , इन्हे क्यूँ अपनायेगा ।।

हम कब के थक गये , हबस में , इनके कर से ।।

चाहिये है पैसा सबको   ....(5)

रहो मिल कर भाई

मुझसे कुछ न पूँछ बिन्ना , कुछ नहीं कह पाऊँगा ।
गौरव के अग्नि में मैं स्वयँ , धुल घुल सुलग जाऊँगा ।।
मेरा अमरित भरा दिल , टूटा कच्चे धागे की तरह ,
गले में फाँसी लगी , कैसे सुलझाऊँगा ।।

दुनिया है आवारा , मैं भी अनचाहा हूँ ,
किस्ती तो डूब चुकी , पार कैसे जाऊँगा ।।

रहो सब मिल जुल कर भाई ....(1)

टूटा गिरा तारा , आये धरती की ओर ,
कौन गिरा , कैसे गिरा , नदिया के छोर ।
पाकिस्तान चलता है , चाल भरी दो सुर्री ,
हिन्दुस्तानी कौव्वा कहे , कौन सही मेरी ओर ।।

मिल जुल कर रहो , तो आदमी बन जाओगे ,

वरना तुम दुनिया मेँ , आकर पछताओगे ।।

रहो सब मिल जुल कर भाई ....(2)

दुनिया मेँ सब कुछ है , खाओ पियो , मौज करो ,

लड़ना , भिड़ना छोड़ कर , दूसरोँ का भला करो ।

स्वर्ग धरती पर है , नरक ना बनाओ इसे ,

भाग्य से जन्म मिला , अच्छा कर हँसाओ इसे ।।

दान करो रुपया , तो डालर बन जायेगा ।

सोने का मोह छोड़ो , हीरा नज़र आयेगा ।।

रहो अब मिल जुल कर भाई ....(3)

राम कहो , घनश्याम कहो , अल्लाह और नानक पढ़लो ।

कहा मानो , नाम करो , हँसना सरनाम करलो ।।

हम तो दीवाने हैँ , सुख और शाँति के ,

भरना , भड़काना छोड़ो , अग्नि बनो क्रान्ति के ।।

हिन्दू रहो , मुस्लिम रहो , रहो सिक्ख ईसाई ,

हिन्दुस्तानी भारत है , क्योँ न बनो भाई , भाई ।।

रहो सब मिल जुल कर भाई ....(4)

तेल मालिस

योग के व्यापार मेँ बस तेल मालिस है बड़ा ,
पूँछते हैँ लोग , साहिब , यह मुआ कैसे चढ़ा ।
दमोह हो , कटनी हो , या होवे फिर सागर ,
तेल मालिस से ही होते , सब साहब उजागर ।।

दोस्त खीझ जाने पर हाथ छोड़ देते हैँ ,
रुपयोँ की खनक मेँ , सब कुछ खोते हैँ ।।

तेल मालिस से होती है दुनिया उजागर ....(1)

सब कुछ छोड़ कर , यह रट लो भाई ,
तेल मालिस मेँ है सब विद्या समाई ।।
जानकार जानते हैँ तेल मालिस की चमक ,
हीरा , पन्ना , नीलम से सौ गुनी इसकी दमक ।।

तेल मालिस से होती दुनिया कारीगर ....(2)

तेल मालिस से मन मोहन , सिँह हो गये ,

गिरे रहे जोशी जी , आणवाणी खड़े गये ।

बदरा , राहुल , और सोनिया ने चली अपनी चाल ,

जगदीश घटते गये , देख देख अजी इनके हाल ।।

तेल मालिस से चलती दुनिया बराबर   ....(3)

अन्ना जी अलग गिरे , सीता राम यचूरी ,

ममता और ललिता कहतीँ रहीँ , है मज़बूरी ।

हिन्द है पिछड़ गया , कम से कम पचीस बर्ष ,

मुशररफ़ करेँ मौज , और नवाज़ मनावेँ हर्ष ।।

तेल मालिस से बढ़ती दुनिया तरातर   ....(4)

हिन्दुस्तान , पाकिस्तान , दोनोँ हैँ समुन्दर मेँ ,
करो अमरीकी मालिस , कराची के बन्दर मेँ ।
अफ़गान और ईरान , रह गये खायीँ मेँ ,
तेल नहीँ काम आया , टेरोरिस्ट की झाय़ीँ मेँ ।।

तेल मालिस करती है दुनिया उजागर ....(5)

पहला पेज

सुबह का कौव्वा और दरिया का पानी ,

अपने विमान को दो , लड़की दीवानी ।

पोलैंड़ के जँगल में , बर्फ पड़ती है ,

स्ट्रोलर विमान पर , सर्दी लगती है ।।

कविताऑं का यह गुच्छा विमान को समर्पित है ....(1)

पढ़ो लिखो , खूब करो इश्क यार ,

दरिया में तैरो , दुहो दूध तुम हजार बार ।।

खूब बनो बुद्धिमान , बुद्धि तुमको अर्पित है ।

पुष्पों का यह पुच्छा विमान को ही अर्पित है ....(2)

बड़े हो जाओ , पेन्ट करो नई सी कविता ,
दरिया में मिलें तुम्हें , ममता और जयललिता ।
नई द्रिष्टि , नई राह , और बढ़े नया तेज़ ,
तुम्हारे लिये ही लिखा , जगदीश ने यह नया पेज ।।

दूधों का यह गुब्बारा , विमान को समर्पित है ....(3)

धूल और धक्कड़ में , कौन मेरा साथी है ,
एक तरफ़ दीपक है , दूसरी ओर हाथी है ।
दोनों निकम्मे हैं , कहते हैं केजरीवाल ,
लूटते दीन दुखियों को , होते हैं मालो माल ।।

दुखियों का यह दुखड़ा , विमान को ही अर्पित है
........(4)

इनका विश्वास न करो , सोनिया हों या मायावती ,

दोनों तरसती रहीं हैं , आदमी की धरती ।

राहुल का साथ छोड़ो , पकड़ो तुम मोदी ,

पूँछों तुम उनसे , कहाँ पगड़ी अपनी खो दी ।।

नेताओं का नखरा , विमान को समर्पित है   ....(5)

नयी मात

बहका , बहका है देश , चहकता है शक्ति वाद ,
धन के घन चक्कर में , कराओ अब क्रान्ति नाद ।।

कितने साल पहले हम तो निकल गये भारत से ,
सोचते थे , सीधा होगा भारत स्वयँ के मत से ।।

लौट कर आये देखा , नहीँ कुछ वैसा है ,
कुछ सुधार नहीँ हुआ , जैसा का तैसा है ।।

अन्ना बरबाद हुये , अनशन कर दिल्ली मेँ ,
राम देव पीटे गये , खुल खुल खुल खिल्ली मेँ ।।

अरविन्द आये शोरो गुल मेँ , देखो क्या होता है ,
हम तो लौट जायेँगेँ , भारत अभी रोता है ।।

छूट गया है देश , करें क्या देखो भाई ,

सबको है खा गया , बड़ी खोटी मँहगाई ।।

उत्पादन है बढ़ा , देश में पैसा भी है ,

मन मोहन बेकार , देश फिर भी वैसा है ।।

राहुल बने सवार , देश का हाल बुरा है ,

सोनिया की सरकार , हमारा इसमें क्या है ।।

लड़ें बहन से बहन , और भाई से भाई ,

जिन्दल लुटे , लुटे टाटा , पर समझ न आई ।।

बिरला बिरलो बने , देश के बाहर शातिर ,

भग जाओ परदेश , बनो तुम लायक आखिर ।।

तेल मालिस का खुला है द्वार यार ,

सबसे बढ़िया है तेल मालिस का व्यापार ।।

तेल मालिस से मन हल्का हो जाता है .

खुशामद की आमद का सिलसिला जग जाता है ।।